Anna Maria Schmid

Die Zeit in meinem Kopf

story.one – Life is a story

1st edition 2023
© Anna Maria Schmid

Production, design and conception:
story.one publishing - www.story.one
A brand of Storylution GmbH

Font set from Minion Pro, Lato and Merriweather.

© Cover photo: Illustration Anna Maria Schmid

© Photos: Illustration Anna Maria Schmid

Editorial: Michelle Jasmin Joos and Milena Buhl

ISBN: 978-3-7108-5815-4

Dieses Buch ist für dich, Mama.
Weil 25 gemeinsame Jahre nicht genug sind.
Weil du so gekämpft hast.
Weil du mich so stolz machst.

Und weil es noch so vieles zu sagen gäbe.

INHALT

Eine andere Welt

Es ist faszinierend, wie neues Wissen all unsere Lebenssinne beeinflussen kann. Wie aus einem normalen Tag der Anfang einer schnellen Abwärtsspirale wird. Wie bisher normale Empfindungen plötzlich unangenehme Magenkrämpfe und starkes Herzklopfen auslösen. Und wie in meinem konkreten Fall ein ursprünglich "normales" Husten zu einem Symptom des Todes wurde.

Mama hat Krebs. Sehr weit fortgeschritten. Nicht operabel. Nicht heilbar. Ihr wird wohl nicht mehr viel Zeit bleiben. Aber manchmal geschehen Wunder.

Ein Zusammenschnitt von verschiedenen Aussagen, welche ich zwischen der Krebsdiagnose und dem Tod meiner Mama sechs Monate später gehört habe. Dieses Buch soll jedoch nicht primär von der Krebserkrankung handeln, denn darüber wurden bereits viele wichtige Geschichten erzählt. Ich möchte euch mit dieser Geschichte in eine andere Welt einladen.

Eine Welt, in der die Zeit langsamer verläuft und zu der eigentlich lediglich eine Person Zugang hat.

In meinen Kopf.

Ich war schon immer ein Kopfmensch, dem es wichtig war, etliche Szenarien vor einer Entscheidung zu durchdenken. Zudem bin ich eine sehr kreative Person, der es nicht schwerfällt, diese Szenarien sehr realitätsnah in meinem Kopf stattfinden zu lassen. Es war daher schon immer so, dass ich viel Zeit in Gedanken verbracht habe. Nach der Krebsdiagnose meiner Mama ist mir jedoch aufgefallen, dass in meinem Kopf unendlich viel Platz ist. Ich stellte fest, dass ich in dieser Zeit in meinem Kopf Gedanken nachgehen, die Stille suchen oder wahre Realisationsmomente erleben kann. So wurde dieser Ort immer bewusster meine Zuflucht, mein Abenteuer oder meine Möglichkeit, Momente noch einmal zu erleben. Dabei sind ganz persönliche, emotionale und tiefgehende Gedanken, hypothetische Szenarien und Erkenntnisse entstanden. Durch diese Ressource lernte ich mich selbst noch ein Stück mehr kennen, konnte die einprägenden Ereignisse besser einordnen und die letzten Monate ausgiebig reflektieren. Das alles ist im letzten Jahr passiert, ganz allein in mir, ohne dass ein einziger Mensch nur ansatzweise an den unzähligen Momenten dieser Welt Anteil hatte. Selbst die engsten Menschen in meinem Umfeld, mit denen ich regelmäßig über tiefsinnige Ereignisse philosophiere, haben keine Ahnung, wie glücklich, hoffnungsvoll oder traurig es in verschiedenen Situationen wirklich in mir aussah.

In die tiefen Gedankenwelten der Menschen können wir nicht blicken. Diese begrenzte Sicht sorgt für kognitive Verzerrungen, die uns andere verfrüht beurteilen lassen, ohne ihre Geschichte zu kennen. Dass sich uns ein Mensch offenbart, können wir aber auch nicht erwarten. Was wir jedoch lernen können, ist in uns selbst zu schauen und dadurch mehr Empathie für andere zu entwickeln.

Um für dieses Herzensthema zu sensibilisieren, nehme ich euch auf eine Reise in mein Inneres mit. Mit dieser Geschichte möchte ich den Schritt wagen, euch durch meine Worte in die komplexe, prägende und fantasievolle Welt meines Kopfes mitzunehmen und die Tür zu dieser verborgenen Welt für eine kurze Zeit zugänglich zu machen.

Übergang

"Anna, bist du noch da?"

Ich erinnere mich daran, dass ich schon als Kind die Gabe hatte, vieles um mich herum auszublenden und mich für eine gewisse Zeit in meinen Kopf zurückzuziehen. Ich habe regelrecht gespürt, wie sich die Welt um mich herum in den Hintergrund bewegte und wie ich mit einem Schlüssel die Tür zu meinem Kopf öffnete. Eine Welt, die ähnlich aufgebaut ist wie die reale Welt. Sie ist gefüllt mit verschiedenen Landschaften, Gebäuden und Gegenständen. Der Weg dorthin ist früher wie heute gleich, mit dem einzigen Unterschied, dass ich ihn heute deutlicher beschreiben, wahrnehmen und gezielter gehen kann. Meine Augen fokussieren sich nicht mehr auf die entfernten Objekte um mich herum und lassen diese verschwommen wirken. Ich fixiere die nähere Umgebung, ohne dass diese aber schärfer wird. Es fühlt sich an, als würde ich meine Aufmerksamkeit von Innen in meinen Körper ziehen und mit einem Filter zur Außenwelt verschließen.

Doch was ist für mich der Unterschied zwischen der Zeit in meinem Kopf und Gedanken? Gedanken habe ich wie jeder andere Mensch ständig bewusst oder unbewusst. Oftmals werden sie durch die alltäglichsten Situationen ausgelöst, zum Beispiel wenn mir während einer Werbung einfällt, dass ich noch Mehl für ein Rezept einkaufen wollte. Oder wenn mir auffällt, dass die Türe offen steht und ich überlege, wann ich vergessen habe, sie zuzuziehen. Die Zeit in meinem Kopf verbringe ich jedoch ganz bewusst. Das können kurze Momente sein, in denen ich irrelevantes Geschehen um mich herum ausblende, oder längere Momente, in denen ich mich bewusst bequem hinsetze und zum Kopf übergehe. In meinem Kopf ordne ich dann Gedanken zu vergangenen Situationen, bitte unpassende Gedanken zur Tür hinaus oder verfolge spontane Gedanken auf ihrem Weg. Dabei habe ich das Sagen und kann anders als beim Träumen steuern, wohin die Reise als Nächstes gehen soll. Natürlich funktioniert auch in meinem Kopf nicht alles reibungslos. Ab und zu habe ich Gedanken in meinem Kopf, mit denen ich viel zu viel Zeit verbringe, die ich nicht leicht zum Gehen bewegen kann oder die immer wieder anklopfen. Aber dennoch genieße ich die Zeit sehr, da sie mir bereits viele neue Erkenntnisse und Perspektiven geschenkt hat. Außerdem empfinde ich sie mittlerweile wie eine Superkraft, denn in dieser Zeit kann ich feste Knoten schrittweise lösen, Gedanken sortieren und meine Fantasie voll entfalten. Diese "Gabe" kann zudem trainiert werden. Besonders im Studium habe ich sie mir zu Nutzen gemacht, um mit mnemotechnischen Lerntechniken wie der Loci-Methode meine Noten deutlich zu verbessern. Dabei baut man sich einen Gedächtnispalast, in welchem man die Räume, Wege und Gegenstände mit Wissen verknüpft, um sich so möglichst viel und langfristig geordnet merken zu können. Diese Techniken wurden schon in der Antike verwendet und finden heutzutage aufgrund unserer diversen, schnellen Zugänge zu Wissen weniger Anwendung.

Dabei ist unser Kopf zu so vielem fähig. Und so unterschiedlich wie wir Menschen sind, ist sicherlich auch der Zugang zu unseren Köpfen. In dieser Geschichte möchte ich euch daher Einblick in einen von tausenden Köpfen gewähren und meine eigene komplexe Innenwelt und deren Inhalte der letzten Monate für euch öffnen.

Perfekt inszeniertes Schau-spiel

Der Priester schließt sein Buch. Schaut nach links in die erste Reihe und nickt. Die Tochter der Verstorbenen erhebt sich von ihrem Platz. Sie lässt die Familienangehörigen hinter sich, läuft auf das aufgestellte Portrait ihrer Mutter am Altar zu und befindet sich wenig später am Ambo der Kirche. Sie hebt ihren Blick und schaut in schockierte Gesichter, glänzende Augen und offenstehende Münder. Sie beginnt mit starker Stimme von der verbliebenen Zeit mit ihrer Mutter zu sprechen. Sie betont, wie stark und tapfer sie war. Sie konzentriert sich in ihrer Rede auf die schönen Momente, bedankt sich bei allen für die Unterstützung, beendet ihre Rede mit einem Gedicht und kehrt an ihren Platz zurück, ohne eine Träne vergossen zu haben.

Es fällt mir nicht schwer, Texte vorzutragen. Und ich weiß, diesen habe ich schon hunderte Male geprobt. Meine Stimme erinnert sich an jede Silbe und wie diese betont werden muss. Jede kleine Pause ist kalkuliert, ja sogar bei welcher Passage ich einen Blick in die Menge wagen kann und bei welcher es für mich unmöglich wäre. Ich werde von meinen Gefühlen nicht überrannt, denn es ist ein perfekt inszeniertes Schauspiel.

Ich war so aufgeregt vor diesem Tag, nicht weil ich Angst davor hatte, da oben zu stehen. Nein, ich hatte Angst, dass der Moment vorbei ist, auf den ich mich monatelang vorbereitet habe. Angst, dass auch dieser Moment dann nur noch Teil meiner Erinnerungen sein wird.

Viele freie Minuten, die ich während und nach der Krankheit meiner Mama hatte, habe ich mit intensiven Gedanken verbracht. Ich habe tausende Szenarien durchgespielt, wie die Zukunft wohl werden wird. Als Mama eines Tages schlafend an meiner Schulter lag, wir uns an den Händen hielten und sie vor Schwäche kaum noch ansprechbar war, spürte ich ganz deutlich, dass der Tag der Trauerfeier kommen wird. Auch wenn es ihr in den Tagen darauf wieder besser ging und ich meine Mama zurück hatte, wusste ich, dass dies nur für eine kurze Zeit so bleiben würde.

Von da an war die Zeit in meinem Kopf immer wieder von diesen Situationen geprägt.

Wie ich meinem Papa unter Tränen verkünden werde, dass ich ein paar Worte im Gottesdienst sagen möchte. Wie ich tagelang unter Tränen an einem passenden Text schreiben werde. Wie ich die freie Zeit zwischen Arbeit und Universität für das Proben des Textes nutzen werde. Und wie schlussendlich der Moment kommen wird, an dem ich an dieses Pult laufen und die Worte, die mir so wichtig sind, aussprechen werde.

Ohne Tränen, nicht weil ich besonders tapfer, gefühlskalt oder stark bin. Sondern, weil dieser Moment allein für die Worte an meine Mama bestimmt war.

Deputat

"All die Schmerzen, Einschränkungen und das Leiden... Deine Mutter ist nun an einem besseren Ort."

Ja, das stimmt. Mama hatte zum einen sicherlich viele Schmerzen durch die Krebserkrankung, war definitiv massivst eingeschränkt und hat gewiss auch gelitten. Zum anderen, die erschreckende Tatsache, dass sie von heute auf morgen als unheilbar krank diagnostiziert wurde. Mit der sicheren Gewissheit, dass ihr nicht mehr viel geholfen werden kann und sie ihren bisherigen Gesundheitszustand nie wieder erreichen wird.

Wie oft hatte ich den Gedanken, was sie wohl beim Aufstehen denkt, wenn sie die Indizien ihrer Erkrankung um sich herum sieht. Und dennoch war sie so tapfer und zuversichtlich, wie ich meine Mama noch nie zuvor erlebt habe. Sie wollte weiterleben und hatte sich noch nicht aufgegeben. Sie hat bestmöglich akzeptiert, in welcher Lage sie steckt, aber nie hat sie nur einen Tag weinend im Bett verbracht und die Tage an sich vorbeiziehen lassen. Daher fällt es mir nicht leicht, den Satz "Mama ist nun an einem besseren Ort." auszusprechen, trotz dass ich ihn schon oft zu mir selbst oder anderen gesagt habe.

Von manchen Menschen mag dieser Satz von Herzen kommen. Ich würde aber behaupten, viele Menschen haben noch nie genau über ihn nachgedacht.

Ist es nicht logischer, dass es einem Menschen im Kreise seiner liebenden Familie und Freunden am besten geht? Besonders wenn sie bisher ein tolles Leben hatten und noch so viele schöne Jahre vor sich haben könnten? Aber die gesundheitlichen Umstände haben sich schließlich verändert. Zwar mag das Leben sicherlich in vielen Fällen noch vollkommen sein, dennoch ist auf dem Weg zum Tod oftmals irgendwann dieser Punkt erreicht, an dem es nach Definition der Betroffenen auf Dauer nicht mehr lebenswert wäre. Dieser Punkt wäre bei Mama sicherlich bald eingetreten und ich bin für sie und uns Angehörige unglaublich froh, dass wir diese Schwelle nicht gemeinsam überschreiten mussten. Und trotzdem lässt mich die Aussage nicht los. Denn ich weiß nicht, was nach dem Tod kommt. Ich weiß sogar nicht einmal, was Mamas letzte Gedanken waren, und ich weiß auch nicht, welche Emotionen sie als Letztes gespürt hat. Vor allem aber weiß ich nicht, wo sie sich nun befindet, oder ob da überhaupt noch was ist, was der menschlichen Existenz ähnelt. Ich habe viel Zeit mit dieser Frage in meinem Kopf verbracht und über sie philosophiert.

Dabei bin ich zu einem persönlichen Entschluss gekommen: Egal was nach dem Tod folgt, sei es das Himmelsreich, die Wiedergeburt oder das ewige Nichts, ich denke nicht, dass der Sinn eines Fortbestandes wäre, dass die Menschen voller Demut in ihrer "neuen Welt" leben oder gar traurig auf uns schauen. Denn falls es nach dem Ableben auf dieser Welt eine weitere Existenz gibt, wird diese von Wichtigerem geprägt sein, als dem alten Leben und den vergangenen und zukünftigen Versäumnissen hinterherzutrauern. Alle anderen Szenarien würden für mich keinen Sinn ergeben. Auch wenn ich unendlich traurig bin, dass meine Mama wichtige Ereignisse in ihrem und meinem Leben nicht mehr miterleben kann, gibt mir die Erkenntnis aus meinen Gedankenreisen oft ein Gefühl von Frieden.

Denn so glaube ich daran, dass wir das Deputat des Schmerzens tragen und somit die Verstorbenen davon befreien.

Das letzte Mal

Das Smartphone klingelt und ein Videoanruf erscheint auf dem Bild. Das Gespräch dauert ungefähr zehn Minuten. Die Stimmung ist normal. So normal wie sie unter den Umständen im Krankenhaus sein kann. Die beiden wünschen sich einen schönen Tag und sagen, dass sie sich auf den morgigen Tag freuen, da sie sich dort wieder sehen.

Ein ganz normales Telefonat, wie es schon viele zuvor gegeben hat. Ich erinnere mich noch an das erste Mal, als ich meine Mama im Krankenhaus angerufen habe. Ich war ein bisschen aufgeregt, weil ich nicht wusste, ob sie reden kann, wie es ihr gerade geht und wie sie nach medizinischen Eingriffen aussieht.

An die ersten Male erinnert man sich oftmals sehr gut. Das erste Mal, allein einen Termin beim Zahnarzt zu vereinbaren, in der Partnerschaft gemeinsam zu verreisen oder einen Auftritt vor Publikum zu haben. Wir erinnern uns deutlich an die Gefühle der Unsicherheit, Vorfreude oder Aufregung, die wir in diesen Augenblicken spüren.

Bei den Gedanken zu dieser Thematik ist mir etwas aufgefallen. Über die ersten Male machen wir uns vergleichsweise viel mehr Gedanken als über die letzten Male. Irgendwie scheint für uns eine Selbstverständlichkeit in der Luft zu liegen. Die Selbstverständlichkeit, dass alles, was wir gewohnt sind, für immer so sein wird. Das ist auch gut so, denn sonst würden wir mit ständiger Verlustangst durch das Leben gehen. Im Nachhinein betrachtet, bin ich aber sehr froh, dass ich mich schon lange darum bemühe, ab und an einen neutralen Gedanken in meinem Kopf zu haben: "Das könnte das letzte Mal sein, genieße es."

Ich denke, je mehr man im Leben erlebt hat, desto bewusster wird man sich, dass nicht alles auf ewig bestehen wird. So konnte ich viele Momente mit meiner Mama nochmals ganz klar, bewusst genießen und abspeichern. Bei Ausflügen habe ich besonders viele Bilder und Videos gemacht, da mir bewusst war, dass es überhaupt nicht selbstverständlich ist, dies noch gemeinsam erleben zu können. Bei Familientreffen hatte ich im Hinterkopf, dass es das letzte Mal sein könnte, dass wir hier zusammensitzen und

Karten spielen. Und als ich meiner Mama die Haare geflochten und gesehen habe, dass diese immer dünner werden, war mir auch dabei deutlich bewusst, dass hierfür die letzten Male angebrochen sind.

Und dennoch kommt irgendwann der Moment, an dem das wirkliche letzte Mal passiert. Und in meinem Fall habe ich in diesem Moment überhaupt nicht damit gerechnet. Denn man ist nicht darauf vorbereitet, dass man die Stimme seiner Mutter nun live zum letzten Mal gehört hat. Und in den Wochen nach dem Tod folgen weitere Realisationen. Es fängt an mit dem Offensichtlichen. Man blickt in die Zukunft und verinnerlicht, dass so viel Alltägliches nie wieder stattfinden wird, da man sich nie wieder sehen kann. Und irgendwann blickt man in die Vergangenheit und bemerkt, dass man an diesem Tag das letzte Mal zusammen spazieren war, an einem anderen Tag zuletzt zusammen ein Brettspiel gespielt oder in einem bestimmten unbeschwerten Moment das letzte Mal zusammen gelacht hat.

Hoffnung

Die beiden Frauen sitzen erschöpft im Be-
handlungszimmer. Der Arzt überreicht ein Re-
zept und trotz seiner Maske erkennt man an sei-
nen Augen ein Lächeln, während er die Prognose
ausspricht. Die Schultern der beiden Frauen sen-
ken sich leicht und auch ihre Mundwinkel verfor-
men sich unter der Maske zu einem leichten Lä-
cheln.

Der Vater und seine Tochter sitzen an einem
Sonntagmittag auf der heimischen Couch. Sie
starren abwechselnd aus dem Fenster oder auf
das Telefon. Sie schweigen, reden oder weinen.
Das Telefon klingelt und sie hören der Stimme
aufmerksam zu. Als das Gespräch zu Ende ist,
fällt der Hörer auf die Couch. Die beiden brechen
in Tränen aus. Kurz darauf entspannen sich die
Gesichter, sie lassen einen großen Seufzer aus
und blicken sich entspannt in die Augen.

Die beiden Situationen könnten nicht unter-
schiedlicher sein, denn die eine Szene ist von
purer Freude und die andere von absoluter

Trauer geprägt. Was die beiden Situationen gemeinsam haben, ist die Erleichterung, welche ich verspürt habe. Einmal, als die Hoffnung darüber entstand, dass es möglich sei, die schwere Krankheit meiner Mama noch eine Weile gut medikamentös zu behandeln. Das andere Mal, als die Hoffnung auf Erlösung bestätigt wurde.

Auch wenn die zweite Situation bedeutete, dass meine Mama nun gestorben war, spürte ich den abfallenden Druck so deutlich wie noch nie in meinem Körper. Es fühlte sich an, als würde man einschlafen, nachdem man eine Pizza in den Ofen schiebt und beim Aufwachen erleichtert feststellen, dass die Küche nicht abgebrannt ist. Oder als würde einem jemand im Straßenverkehr plötzlich die Vorfahrt nehmen und man nach einer Vollbremsung realisiert, dass noch einmal alles gut gegangen ist. Oder als würde man stundenlang voller Angst auf die Rückmeldung einer Bewertung im Studium wartet und endlich erfährt, dass man bestanden hat.

Es hat sich angefühlt, als ob all solche Momente in tausendfacher Intensität kombiniert auf mich eingewirkt und plötzlich abgefallen sind. Denn als es keine Hoffnung mehr gab, war die einzige Möglichkeit, darauf zu hoffen, dass Mama bald in Ruhe von dieser Welt gehen konnte. Durch diese unterschiedlichen Erfahrungen habe ich gelernt, dass Hoffnung so vielschichtig und elementar wichtig ist. Auch wenn sie nicht immer vorrangig präsent ist oder nicht zum erhofften Schluss führt. Ich habe die Hoffnung als tolle Begleiterin erlebt, die mich sehr über diese Zeit hinweg getragen hat. In meinem Fall war es keine naive Hoffnung, sondern eine sehr realistische. Ich wusste, wie es um meine Mama steht und was der wahrscheinlichste Fall ist, der eintreten wird, und darauf konnte ich mich so gut wie möglich vorbereiten. Dennoch gab es immer genug Hoffnung, dass es sich gelohnt hat, nicht aufzugeben und weiterhin gemeinsam zu kämpfen.

Für mich ist die Hoffnung daher kein grelles Licht, was einen sämtliche Schatten vergessen und fremdbestimmt umherirren lässt. Die Hoffnung ist ein unscheinbares Kerzenlicht, welches einem in Zeiten der absoluten Dunkelheit gerade genug Helligkeit spendet, um in eine bestimmte Richtung weiterzugehen.

Die Schuld des Neuen

Die Musik wird aufgedreht und der Körper vibriert.

Das Gemüse liegt auf dem Grill und lockt mit seinem Geruch.

Die Fahrt wird unterbrochen und der glitzernde See bestaunt.

Durch den Tod verändert sich so vieles. Man kann es sich nicht so vorstellen wie in einem Spielzeughaus, wenn eine der Figuren verloren geht. In der Realität kann man mit den verbleibenden Spielfiguren nicht einfach weiterspielen und die fehlende Figur ignorieren oder ersetzen. Ein Mensch hinterlässt riesige emotionale und physische Lücken. Ich musste mich beispielsweise zuerst daran gewöhnen, dass ich in mein Elternhaus laufe und niemand mehr am Esszimmertisch sitzt und Zeitungen liest. Das allein ist schwer genug, denn bis heute habe ich das Gefühl, nur laut rufen oder in einen anderen Raum zu müssen, um meine Mama dort anzutreffen. Noch schlimmer ist die Lücke in den bisherigen Gewohnheiten einer Familie, die mit der Zeit immer mehr aufklafft. Die Familie muss sich komplett neu orientieren und aufstellen. Aufgaben müssen neu verteilt, Abläufe neu besprochen und bisherige Gewohnheiten neu hinterfragt werden. Das fängt bei Banalem wie Tätigkeiten im Haushalt an und führt sich in der zwischenmenschlichen Ebene der hinterbliebenen Familienmitglieder fort. Dabei gibt es eine Zeit, die wie ein luftleerer Raum ist. Zwar gelten die fundamentalen Naturgesetze der Physik weiterhin, ist man jedoch Teil dieses Raumes, fühlt sich nichts mehr an wie zuvor. Der Alltag geht weiter, aber alles wird überschattet von Momenten der Hilflosigkeit, bürokratischen Terminen und dem Warten auf die Beerdigung und deren Nachbeben. Dann setzt nach einigen Wochen der "normale" Alltag ein und man spürt, dass die Welt eigentlich nie aufgehört hat, sich zu drehen. Denn Feiertage wie Weihnachten finden statt, an Silvester wird die Wunderkerze angezündet und im neuen Jahr wie zuvor weitergearbeitet. Schleichend verändert sich das Leben und nach Monaten stellt man fest, dass der Alltag nun Dinge beinhaltet, die zuvor nicht denkbar oder möglich waren.

Ich habe mich nach einer Weile beispielsweise sehr über die Möglichkeit gefreut, wieder mehr Zeit für mich zu haben. Die Freiheit eigenbestimmt das zu tun, auf das ich Lust hatte. Wir haben neue Hobbies angefangen, neue Anschaffungen getätigt und neue Gewohnheiten etabliert. Ich habe mich sehr befreit gefühlt und dennoch immer irgendwie beklemmt. Es bahnte sich jedes Mal ein Gefühl der Schuld an, die mich bis heute nicht völlig loslässt. Denn ich würde lieber auf all diese Möglichkeiten verzichten, wenn das heißen würde, dass meine Mama noch eine Weile weitgehend gesund und glücklich auf dieser Welt leben könnte.

Als Kopfmensch sind diese hypothetischen Gedanken manchmal schwer zu ertragen, vor allem mit der Gewissheit, dass diese Überlegungen eigentlich völlig unnütz sind. Denn an den Tatsachen kann nichts geändert werden und meine Mama würde mir die Hölle heiß machen, wenn sie wüsste, dass ich weine, wenn ich zu Konzerten fahre, Bauchschmerzen bei gutem Essen bekomme oder ich mich schuldig fühle, wenn mir der Wind beim Fahrradfahren durch die Haare weht.

Nur ein Wunsch

Die Tür klingelt. Nach und nach treten die Gäste in die Wohnung ein. Bei jeder Begrüßung gibt es eine Umarmung oder einen Handschlag und meistens einen weißen Briefumschlag mit Geld darin. Manche kommen mit bunten Geschenken oder Blumen. Alle genießen den gemütlichen Abend. Sie essen, lachen und feiern das Geburtstagskind.

Noch nie in meinen 26 Jahren habe ich so sehr über diesen Tag nachgedacht, wie nach dem Tod meiner Mama. Ich war es gewohnt, dass sich dieser Tag nur um mich dreht. Denn schließlich bin <u>ich</u> an diesem Tag auf die Welt gekommen. Daher werde <u>ich</u> reich beschenkt und besucht, da jede Person auf mein neues Lebensjahr mit mir anstoßen mag. Natürlich haben sich meine Gedanken zum Geburtstag bereits die letzten Jahre verändert. Schließlich wird man älter und reifer. Teure Geschenke, aufwendige Tischdekorationen und durchgeplante Feiern wurden mir zunehmend unwichtiger. Ich wollte lediglich einen schönen Abend mit meinen Engsten verbringen. Auch die Glückwünsche veränderten ihre Bedeutung für mich. So war ein: "Ich wünsche dir viel Gesundheit." für mein Kindheits- und Teenager-Ich lediglich eine Floskel. Mit den Jahren hat das Leben diesem Satz dann nach und nach mehr Sinn eingehaucht. Denn wenn die ersten Bekannten im eigenen jungen Alter schwer krank werden oder sogar sterben, schaut man mit anderen Augen auf Gesundheit. Und seit meine Mama von einem auf den anderen Tag unheilbar krank wurde, ist der Stellenwert des Gesundseins für mich noch viel höher geworden. So beobachtete ich, wie sich auch meine Glückwünsche an andere nach dem Tod meiner Mama veränderten.

Es ist verrückt, wie sich selbstverständliche Dinge plötzlich verändern. Wiederholende Tage, die wie auf Autopilot funktionierten, sich auf einmal entschleunigen, der Nebel sich verzieht und ein klarerer Blick auf diese möglich ist. Ein veränderter Blick. An meinem ersten Geburtstag nach Mamas Tod habe ich den ganzen Tag über sie nachgedacht. Für mich war dieser Tag viel emotionaler als das familiäre Weihnachtsfest, an welchem sie nicht mehr dabei sein konnte. Ich hatte auf einmal das dringende Bedürfnis, alte Bilder anzuschauen, besonders Bilder, die kurz nach meiner Geburt aufgenommen wurden. Schlagartig wurde mir bewusst, dass dieser Tag allein meiner Mama zu verdanken ist. Objektiv betrachtet war es mir selbstverständlich klar, dass sie den größten Teil zu meinem heutigen Dasein beigetragen hat. Schließlich hat sie mich monatelang in ihrem eigenen Körper vor sämtlichen Gefahren geschützt, mich auf die Welt gebracht und mich dann mit ganz viel geleisteter Care-Arbeit großgezogen. Aber diese Dankbarkeit konnte ich subjektiv zu Lebzeiten meiner Mama leider noch nicht vollends spüren. Für mich war es auch immer selbstverständlich, dass ich diesen Tag mit ihr verbringen kann. Blicke ich zurück auf den letzten gemeinsamen Geburtstag von mir, sehe ich meine Mama schon mit einem Schal um den Hals und ständigem Husten in meinem Wohnzimmer sitzen. Damals wussten wir noch nichts von dem großen Tumor in ihren Lungen und konnten den Tag noch unbeschwert feiern. Ein Jahr später sitze ich weinend in meiner Wohnung, den Blick auf diese wunderschöne Frau gerichtet, die ihr Baby in den Armen hält, und wünsche mir so sehr, mit meiner jetzigen Erkenntnis noch einen gemeinsamen Geburtstag mit ihr verbringen zu können.

Aus klein mach groß

Ein flüchtiger Blick aus dem Fenster, weil die Sonne ins Gesicht blendet. Sofort fallen die dreckigen Fenster vom letzten Regen auf. Plötzlich fügt sich noch ein weißer Klecks ins Bild ein. Der Blick wird ernst, der Vogel fliegt vorbei und der Übeltäter setzt sich auf einen Baum im Garten.

Das Gesicht entspannt sich, als die Sonne leichte Wärme auf der Haut erzeugt. Die Augen nehmen wahr, wie das Sonnenlicht sich seinen Weg auf kreativste Weise durch die teils schmutzigen Fenster sucht. Hinter der Scheibe ist ein Vogel zu sehen, der fröhlich sein Lied singt und ab und an durchs Fenster schaut, als würde er einen beobachten.

Man sagt, wenn jemand krank und dem Tod nahe ist, dann verändert sich der Blick auf die Welt völlig. Zuvor scheinbar bedeutende Dinge werden plötzlich unwichtiger, der Blick auf die Welt gestaltet sich neu und ehemals kleine Details werden ganz groß. Diese Veränderung zur Einstellung auf das Leben habe ich hautnah bei meiner Mama mitverfolgen können. Ich kannte sie hauptsächlich als eher kühle Person, die stets die Fakten im Überblick hatte und sich selten von einer emotionalen Seite zeigte. Die Krankheit scheint so vieles in den Gedanken meiner Mama verändert zu haben. Manchmal hat sie mich daran teilhaben lassen und mir einen Blick auf diese Welt aus ihrer Sicht ermöglicht. Einer Frau, die ganz unverhofft mit dem Tod konfrontiert war, nicht viel Zeit hatte, sich auf ihn einzustellen und doch zeitweise einen gewissen Frieden mit der Situation gefunden hat. Eine Frau, die wie jede andere Person noch die großen Dinge im Leben erleben wollte. Eine Frau, die nun zwischen der medizinischen Erkenntnis ihrer Krankheit und der Hoffnung auf mehr lebenswerte Zeit durch die Therapie gefangen war. Eine Frau, deren Bewegungsradius stark durch den Krebs eingeschränkt war. Und eine Frau, die diese kleine Welt nun noch eine Weile mit größeren Augen betrachtet hat.

Wir waren alle gestresst. Gestresst von den vielen Terminen, die mit der Krankheit einhergingen. Gestresst von der umständlichen Weise, wie man sich nun auf einen Ausflug durch diverse Gerätschaften vorbereiten musste. Und gestresst von der Gewissheit, dass die gemeinsame Zeit wohl auf ein Minimum verkürzt ist. Oft habe ich bemerkt, dass meine Mama diese Stresssituationen anders wahrnehmen konnte. Während ich innerlich zitterte, wütend oder angespannt war, war sie seelenruhig und beobachtete die Welt um sich herum. Im Krankenhaus philosophierte sie mit mir plötzlich über schlichte Bilder an der Wand, welche ich überhaupt nicht wahrgenommen hatte, obwohl eigentlich ich die Kreative der Familie bin. Bei einer Sendung im TV war ich genervt vom Format und sie sinnierte über die gezeigten toxischen Paarbeziehungen. Beim gemeinsamen Essen fielen mir nur die verdreckten Fenster auf und sie schwärmte über die vielen schönen Vögel im Garten. Am letzten Wochenende vor ihrem Tod waren wir spazieren. Ich war innerlich total gestresst, bemerkte dann aber, wie glücklich sie durch die Sonnenstrahlen war, und versuchte innezuhalten und den Moment mit ihr zu genießen.

Im Nachhinein wünsche ich mir, dass ich öfter die Pause in meiner Welt hätte drücken und durch sie gemeinsam die Welt einen Moment hätte stillstehen lassen können.

Realisation

Die Sonne scheint zwischen den Bäumen durch. Es ertönt Musik, alle sind schwarz gekleidet und eine Person tritt hervor, um die Urne in die Tiefen des Bodens einzulassen. Viele Menschen weinen, trauen nicht sich anzuschauen und beobachten wortlos das Geschehen. Ein entscheidender Moment, um zu verstehen, was passiert ist.

Da bin ich mir nicht so sicher. Für manche mag das sicherlich zutreffen, für mich aber keinesfalls. Vielleicht bin ich mit dieser Ansicht allein, aber gibt es überhaupt den einen Moment, an welchem man realisiert, dass eine Person für immer fort ist? Ich denke, für viele Personen ist es eine Trauerfeier, weil sie dort ungeschönt damit konfrontiert sind. Besonders wenn man nicht Teil des täglichen Lebens einer Person ist, kann man sich eher schwer vorstellen, was in den letzten Stunden geschehen und wie es zum Tod gekommen ist. Für mich als eine der nächsten Personen von Mama war der Moment der Trauerfeier keine Realisation. Um ehrlich zu sein, keiner der typischen Momente. Nicht der Anruf des Arztes, dass Mama nun gestorben ist. Nicht beim letzten Blick auf ihren verstorbenen Körper. Nicht bei den Dienstleistern für die Beerdigung. Nicht bei der Trauerrede. Nicht bei der Beantwortung von Dankeskarten. In keinem der Momente, die direkt mit dem Ableben verbunden waren, war dies der Fall, denn sie wirkten so einstudiert und künstlich. Ich war dabei, als wir bestätigt bekommen haben, dass das Herz meiner Mama für immer aufgehört hat zu schlagen. Ich war in diesem Raum, in dem ich beim Eintreten die leblosen Füße meiner Mama unter einem weißen Laken gesehen habe. Ich habe ihr ins Gesicht geschaut, sie berührt und gespürt, dass sie ganz kalt ist. Ich habe mich selbst und andere viele Male weinen gesehen. Ich habe mit meiner Familie hunderte Dankeskarten entgegengenommen und gelesen. Aber in keinem dieser Momente hat es für mich Klick gemacht.

Ein banales Beispiel für einen eindeutigen Moment der Realisation hatte ich vor einigen Jahren und es ist mir fast peinlich, das zu berichten. Mein Bruder, mein Partner und ich haben ein Videospiel gespielt und ich hatte unglaubliche Probleme, die richtigen Tasten zu drücken, da ich nie verstanden hatte, auf welcher Seite des Controllers die Tasten "R" oder "L" liegen. Auf einmal machte es Klick in meinem Kopf und ich sagte ganz laut: "Ach, R steht für rechts und L für links!" Natürlich lachten mein Bruder und mein Partner ganz laut. Zugegebenermaßen war es durchaus witzig, dass ich das selbst jahrelang nicht verstanden habe, obwohl es so offensichtlich war. Offensichtlich, das ist das richtige Wort.

Situationen können so offensichtlich und klar sein, und dennoch schafft es das Gehirn nicht, sie einzuordnen. Ich denke auch für so eine große Veränderung, das Ableben einer Person, gibt es keinen einmaligen Klick. Denn dieser müsste so groß und seine Auswirkung so schmerzhaft sein, dass wir ihn nicht ertragen könnten. Stattdessen habe ich viele kleine Realisationsmomente erlebt. Für mich waren und sind es die Momente, die ganz unverhofft kommen, kurz unendlich schmerzen und dann relativ schnell wieder abflachen. Ich stelle mir vor, dass es ganz viele dieser Momente über Jahre hinweg braucht, gepaart mit neuen Gewohnheiten, um ansatzweise zu verstehen, was passiert ist. Doch selbst das wird niemals zu einem Gefühl der Vollkommenheit führen.

Tote Winkel

Mit Tränen in den Augen und einem stolzen inneren Lächeln sieht die Mutter ihre Tochter bei ihrem Abschluss, am Traualtar oder im Kreissaal nach der Geburt ihres Kindes an.

Ich weiß nicht, ob es je zu diesen Szenarien gekommen wäre. Denn wer weiß schon, ob Mama wirklich dabei wäre, wenn mir ein akademischer Titel verliehen wird. Keine Ahnung, ob wir als Familie wirklich alle zusammen beim Standesamt stehen und meine Hochzeit feiern. Wer weiß, ob ich irgendwann Kinder möchte, geschweige denn, ob ich in meiner Partnerschaft überhaupt Kinder bekommen kann. Niemand kann das wissen, wir können lediglich darauf hoffen. Nur eines ist nun seit dem Tod meiner Mama sicher. Sie wird definitiv nicht bei meiner Abschlussfeier im Publikum sitzen, mich nicht als Braut sehen oder die Möglichkeit haben, ihr Enkelkind auf den Armen zu halten. Und ich werde niemals in die ausdrucksstarken Augen meiner Mama schauen können, gemeinsam durch diese Lebensabschnitte gehen oder sie nach ihren Meinungen oder Ratschlägen fragen können.

Diese Finalität schmerzt so sehr. Zum einen, dass es mir für meine Mama so leid tut, dass sie das alles nicht mehr erleben wird. Zum anderen schmerzt es tief in mir, dass es unmöglich für mich sein wird, meine Mama bei so vielen zukünftigen Ereignissen in meinem Leben nicht an meiner Seite zu wissen. Heute ist der Schmerz bereits so groß darüber, dass sie nicht mehr unter uns ist. Doch aktuell komme ich verhältnismäßig gut mit der Situation zurecht. Denn egal, was ich gerade für Fragen in meinem Leben habe, bisher weiß ich die Antwort meiner Mama noch gewiss. Ich habe ihre Stimme, ihren Tonfall und ihre Worte ganz deutlich im Ohr. Das liegt daran, dass es in den letzten Monaten keine alltäglichen Situationen gab, welche nicht bereits auf dieselbe oder ähnliche Art in meinem Leben vorgefallen sind. Zudem kenne ich die Ansichten meiner Mama sehr gut, da sie eine prinzipientreue Person war, die ihre Meinungen und Ansichten offen kommunizierte.

Doch ich habe Angst vor dem Tag, an dem eine völlig neue Situation in mein Leben eintritt. Eine Situation, die mich ratlos macht, überfordert und bei der ich das tiefe Verlangen spüre, meiner Mama davon zu erzählen. Ich bin froh, ein tolles Umfeld mit liebender Familie und fürsorglichen Freundschaften zu haben, auf die ich mich immer verlassen kann. Dennoch wird der Tag kommen, an dem ich das Gefühl haben werde, dass ich unbedingt meine Mama brauche. Denn wie jeder Mensch im näheren Umfeld ist auch sie unersetzlich.

Natürlich werde ich mir beste Mühe geben, in solchen Situationen dennoch glücklich zu sein, und ich bin mir sogar sehr sicher, dass ich das überwiegend schaffen werde. Aber ich möchte dennoch nicht toxisch positiv sein, weil die zukünftigen Momente des Verlustes genauso valide sind.

Durch meine vielen Gedanken habe ich etliche Szenarien durchgespielt, welche womöglich schmerzend auf mich zukommen werden und es wird Alternativen geben (müssen). Und trotz der vielen Zeiten in meinem Kopf zu diesem Thema, bin ich mir bewusst, dass es tote Winkel gibt. Momente, die ich unmöglich vorhersehen kann, die unerwartet eintreten und mich erneut spüren lassen werden, dass meine Mama nicht mehr da ist.

Produktion: Kopf

Kamera: Augen

Direktor: Schicksal

Datum: 18.06.2022 | **Szene:** Vatertag |

Film ab

Eine Oma ist auf dem Küchenboden mit ihren Enkeln in der Hocke. Alle befinden sich in einem Kreis angeordnet, halten sich an den Händen und schauen lachend in die Kamera.

In meinem Fotoalbum gibt es dieses wunderschöne, fröhliche Bild meiner Oma, wie sie mit mir und meinem Bruder spielt. Eine eindrucksvolle Szene, wie wir lachend und singend in der Küche gespielt haben. Als ich das Bild das letzte Mal gesehen habe, kam es mir vor, als wäre es erst gestern gewesen. Als ich länger darüber nachdachte, ist mir jedoch aufgefallen, dass ich mich eigentlich gar nicht an diesen Tag erinnere und ihn nicht aus meiner eigenen Sicht sehe, sondern als die Person, die das Foto aufgenommen hat. Denn ich erinnere mich lediglich an das, was meine Eltern von diesem Tag erzählten und mir gefiel die Vorstellung. Jedoch habe ich die Erinnerung an den Tag selbst nicht in meinem Kopf. Und das ist eigentlich ganz normal, denn es ist schon Jahre her und als Kind speichert man seine Erinnerungen unbewusster als im Erwachsenenalter.

Ich liebe diese Fähigkeit von mir, dass ich eingeprägte Erinnerungen immer wieder vor meinem inneren Auge abspielen lassen kann. Es fühlt sich dann teilweise wirklich an, als würde ich in einem Kinosaal sitzen, nach einer Weile in die Leinwand eintauchen und die Momente nochmals hautnah erleben. Was ich jedoch schon feststellen musste, ist, dass die Auswahl der Filme sehr von aktuellen Momenten geprägt ist. So wie auf einer Streaming-Plattform, auf welcher neue und aufregende Filme viel präsenter beworben werden als Vergangene. Besonders auffällig war dies direkt nach dem Tod meiner Mama. So sehr ich mich bemühte, ich hatte lediglich prägende Erinnerungen aus Arzt- und Krankenhäusern auf der Leinwand. Diese waren so präsent, dass sie mich jedes Mal aufs Neue erschütterten und ungefragt und ohne Werbung in Dauerschleife abliefen. In meinem Kino wurde meine Mama zu dieser Zeit lediglich mit ihrer vom Krebs veränderten Hülle präsentiert. So sehr hatte ich mich angestrengt, dass wieder mehr positive Erinnerungen von meiner gesund aussehenden Mama abgespielt werden. Mit den Monaten entwickelte ich jedoch zunehmend die Fähig-

keit, die im Moment ungewollten Filme abzu-
schalten und sozusagen den Sender zu wech-
seln. Ich will diese Erinnerungen nicht vergessen oder verdrängen, denn sie sind genauso Teil
unserer gemeinsamen Zeit und beinhalten sehr
viele schöne Momente und Gespräche. Und
doch möchte ich in alten Erinnerungen schwel-
gen und nochmals spüren, wie unbeschwert die
Zeit damals war. Denn wenn ich schon keine
neuen Momente mehr mit meiner Mama erleben kann, möchte ich zumindest so viele Erinnerungen so präsent wie möglich abrufbar in
mir haben.

Aber was ist, wenn ich anfange zu vergessen?
Natürlich werde ich die Zeit mit meiner Mama
nicht vergessen, aber sie wird verblassen. Mein
Kopf wird Situationen zunehmend nicht mehr
so deutlich wiedergeben können, Momente ver-
mischen, Stimmen in den Hintergrund trans-
portieren, Worte verändern und Gesichter verblassen lassen. Trotz größtem Bemühen werde
ich meine Mama in meinem Kopf nicht unver-
fälscht am Leben halten können. Vielleicht
werde ich die Momente wie beim Bild meiner
Oma irgendwann nicht mehr nachfühlen und
mich irgendwann nicht mehr an das Gefühl
ihrer Anwesenheit erinnern.

Analogie

Die Zeitspanne zwischen der Existenz vom Stegosaurus und dem Tyrannosaurus Rex ist größer als zwischen dem Tyrannosaurus Rex und den Menschen. Als die Pyramiden von Gizeh erbaut wurden, lebten Wollhaarmammuts noch Jahrhunderte danach. Dennoch liegen zwischen dem Aussterben des Wollhaarmammuts und der Geburt Kleopatras ungefähr 4.000 Jahre. Kleopatras Geburt hingegen ist näher an der Krönung von König Charles dem III. als an der Erbauung der Cheops-Pyramide.

Verhältnisse von verschiedenen Ereignissen sind faszinierend, besonders wenn die eigene Vorstellung die Unterschiede von tausenden Jahren nicht greifen kann. Aber für die menschliche Lebensdauer können schon Unterschiede von wenigen Jahren verblüffend sein, besonders wenn die Relationen eigentlich anders in unseren Köpfen programmiert sind.

Mein Opa starb vor zehn Jahren und wurde 78 Jahre alt. Wer hätte gedacht, dass meine

Mama 9 Jahre nach ihm stirbt und nicht einmal die 60er erreicht, oder dass meine Oma mit 88 Jahren ihre eigene Tochter beerdigen muss? Unser Hund mit der Lebenserwartung von 12 Jahren starb 2021 im Alter von 10 Jahren. Wer hätte gedacht, dass meine Mama ein Jahr später stirbt, obwohl sie statistisch gesehen noch mindestens 16 Jahre leben könnte? Noch abstruser wird es, wenn man die drei Lebenserwartungen (gemessen am obersten Wert des Durchschnittsbereichs der Lebenserwartung des Geschlechts im jeweiligen Geburtsjahr in Deutschland) von Mama, Hund und Opa prozentual zur erreichten Lebensdauer darstellt. So erreichte Mama ungefähr 82 Prozent, mein Hund ungefähr 87 Prozent und Opa ungefähr 130 Prozent. Egal ob man es in Relation emotional oder statistisch betrachtet: Meine Mama ist zu früh gestorben.

Im Nachgang verschiedene Analogien zwischen den Ereignissen herzustellen, ist jedoch höchst spannend und gleichzeitig erschreckend. Denn niemals habe ich beim Tod meines Hundes oder Opas an den meiner Mama gedacht. Denn für mich war klar, dass das eine ein Hund ist, der eben nicht so alt wird und dass mein Opa einer anderen Generation angehört und meine Mama dem Tod daher noch überhaupt nicht Nahe sein kann. Statistik kann eben nur Wahrscheinlichkeiten ausdrücken. Dennoch kann sie einem nicht nur im Nachgang verschiedene Analogien aufzeigen, sondern auch für die Zukunft.

Haben mein Partner und ich vielleicht wirklich schon ein Fünftel unserer gemeinsamen Lebenszeit miteinander verbracht? Ihn vielleicht nur noch 40 Jahre an meiner Seite zu wissen, ist traurig und nicht greifbar. Wird mein Papa meinen fünfzigsten Geburtstag überhaupt miterleben können? Und wie lange werde ich noch das Glück haben, meine Oma bei mir zu haben, die ihre durchschnittliche Lebenserwartung schon um etwa 41 Prozent überschritten hat? Diese Analogien sollen keine Angst machen, sondern aufzeigen, dass die Wahrscheinlichkeit, jemanden bald nicht mehr in seinem Leben zu haben, selbst wenn alles "normal" läuft, sehr hoch sein kann. Die eigene Zeit und die Zeit davon, welche wir mit anderen verbringen können, ist nicht selbstverständlich und unglaublich kostbar. Denn schon morgen kann die "normale" Zeit doch unerwartet ablaufen oder ein Ausreißer in der Statistik für ein plötzliches Ende sorgen.

Angekündigt plötzlich an der Tür

Sie müssen nicht gleich einen Grabstein kaufen. Die Lebenserwartungen für die Krankheit liegen bei zwei bis fünf Monaten. Bei anschlagender Behandlung gab es Betroffene, die noch bis zu fünf Jahren lebten.

Die erste Aussage wurde durch einen Arzt getroffen, die anderen Aussagen sind Zusammenstellungen aus verschiedenen Studien und dem weiteren Krankheitsverlauf meiner Mama. Was soll man mit solchen Aussagen anfangen? Ich bin nach wie vor froh, dass es von Beginn an, trotz mehr als erdrückender Lage, immer noch Hoffnung auf weitere Monate, oder im besten Fall Jahre mit meiner Mama gab. Zu Beginn beschäftigte ich mich sehr viel und sehr realistisch mit der verbleibenden Zeit meiner Mama, welche sich auf wenige Monate begrenzte. Deutlich wurde mir dieses Ausmaß, als der Tod in einem Moment ganz hörbar an die Tür klopfte. Anfangs beschäftigte ich mich viel mit ihrem bevorstehenden Tod, was total absurd war, weil die Anzeichen der Krankheit dort noch nicht deutlich zu sehen waren. Ich erinnere mich noch, wie wir mit Mama auf ihr letztes Fest gegangen sind, noch keine Person außer der engsten Familie von ihrer schweren Krankheit wusste und ihr Husten als Erkältung gedeutet haben. Doch mein Herz schmerzte bei jedem einzelnen Husten und ich merkte, wie mir Tränen in die Augen stiegen. Zu Beginn ging alles ganz schnell. Aus einem normalen Husten wurde das Klopfen des Todes. Es folgten viele medizinische Eingriffe und bei jedem Krankenhausaufenthalt konnte man eine negative Veränderung mehr erkennen. So war es komisch, Mama nur noch in bequemen Alltagsklamotten oder in grellem Licht zu sehen. Ständig neue Wunden an ihrem Körper, die versorgt werden mussten. Das schöne weiße Haar, welches seine Farbe stellenweise änderte und immer lichter wurde. Ein ganz schrecklicher Moment war, als meine Mama aus dem Krankenhaus kam und sie nun auf Sauerstoff angewiesen war. Wie wir alle im Esszimmer saßen und mein Bruder mir erklärte, wie das Sauerstoffgerät funktioniert. Ich hätte sofort losheulen können, habe aber versucht, mich abzugrenzen und es als rein technische Vorführung zu deuten um meine Tränen zurückzuhalten.

Auch manche Sätze von meiner Mama machten mich anfangs unglaublich traurig: "Im Dezember kommt endlich der zweite Teil dieses Films im Kino, vielleicht schaffe ich es bis dahin." Zu dieser Zeit war mir so bewusst, dass wir das höchstwahrscheinlich nicht schaffen werden. Und das tat mir so weh für meine Mama und uns alle, da man sich nicht vorstellen kann, dass dieser Tag auf einmal kommt. Aber hätte man mich zwei Tage vor ihrem Tod gefragt, hätte ich geantwortet: "Klar, wir schaffen das!" Warum so zuversichtlich, obwohl die prognostizierten fünf Monate verstrichen und meine Mama definitiv vom Krebs gezeichnet war? Ich denke, es liegt daran, dass wir so viel gemeinsam erlebt, gemeistert und uns immer mehr an die Situation gewöhnt haben. Man bekommt zwar eine zeitliche Vorstellung vom potenziellen Ende, aber in dieser Zeit dreht die Welt sich in ihren Höhen und Tiefen weiter und während das Leben so stark lebt, denkt man nicht daran, dass sich da eigentlich jemand mit deutlichen Schlägen angekündigt hatte. Das dumpfe Klopfen ließ mich zwar regelmäßig im Schlaf aufschrecken, aber der Lärm des Lebens war so laut, dass man sich daran gewöhnte. Und dann auf einmal war man total erschrocken, als die Tür trotz Ankündigung plötzlich aufging.

Verbindung der Welten

Eine bunte Zeichnung. Mittagsschlaf mit Hör-
spiel. Ein Spaziergang in der Sonne. Ein Telefo-
nat mit dem Vater. Eine Nacht im weichen Bett.
Ein Frühstück im Elternhaus.

Normalerweise verbringe ich wie beschrie-
ben die meiste und intensivste Zeit in meinem
Kopf, während ich in einem ruhigen Moment
still in einer gemütlichen Umgebung sitze. Viele
Realisationsmomente erlebte ich gerade während dieser Zeit in Gedanken. Manchmal wurden sie sehr zeitnah in meinem Kopf bearbeitet,
teilweise Monate später. Doch es gab nicht nur
diese Klick-Momente in meinem Kopf, die in
Retrospektive auf die Geschehnisse entstanden
sind. Manchmal erlebte ich Momente, die so
unbeschreiblich waren, dass ich kaum Worte
dafür finde. Diese Augenblicke geschahen ganz
unverhofft, waren zu gleichen Teilen selbst-
oder fremdbestimmt und erschütterten meine
Welt jedes Mal auf eine einzigartige Weise.
Dabei waren die Gefühle immer sehr unterschiedlich und doch gab es eine Gemeinsam-

keit. Es fühlte sich an, als würde die Welt um mich herum kurz verschwommen und im nächsten Moment ganz klar werden. Aber nicht so klar, dass man nun das Gefühl hätte, alles würde einen Sinn ergeben oder man würde klarer sehen. Es fühlte sich an, als könnte man einen kurzen Moment in seinen eigenen Kopf schauen, wie eine Synapse nach der nächsten feuert und alles vibriert. Schlagartig breitet sich dieses Vibrieren dann im ganzen Körper aus, auf einmal wird es heiß und im nächsten Moment läuft es einem eiskalt den Rücken herunter. Meine Beine wurden so weich, dass ich Angst hatte, sie würden mich nicht mehr tragen. Mein Magen fühlte sich auf einmal an, als würde er sich in alle Richtungen ausdehnen. Und mein Herz schlug gefühlt so schnell und laut wie noch nie und doch mit viel zu langen Pausen. Tränen kullerten im Sekundentakt über meine Wangen, obwohl ich zuvor nicht gespürt hatte, dass sie auf dem Weg sind. Um mich herum schien die Welt in einem Erdbeben unterzugehen und sich gleichzeitig wie in einem Kettenkarussell zu drehen. Es fühlte sich an, als würden mein Kopf und die reale Welt verschmelzen und ich konnte nicht abschätzen, in welcher Realität ich mich momentan befinde. Das intensive Gefühl dieser Verschmelzung hielt wenige Minuten an, aber war so eindringlich, dass ich das Beben noch heute spüre, sobald ich darüber nachdenke.

Als mir der erste CT-Befund vorlag, habe ich alle Fachbegriffe akribisch übersetzt und mir einen Überblick über die Anatomie des Thorax gemacht, damit ich all die "Baustellen" farbig in der buntesten Zeichnung festhalten konnte. Als meine Mama und ich zu einem Kinderhörbuch zusammen Mittagsschlaf hielten, bemerkte ich, wie sie versuchte so lautlos wie möglich aufzustehen, mich liebevoll ansah und dann das Zimmer verließ, um ihre kleine Tochter behütet schlafen zu lassen. Als wir das letzte Mal gemeinsam die Sonnenstrahlen auf dem Gesicht spürten und meine Mama über den möglichen Tod redete. Als mein Papa mich wenige Stunden nach meinem letzten Telefonat mit Mama unter Tränen anrief, dass sie nun künstlich beatmet mit dem Helikopter in eine Universitätsklinik geflogen wird. Als ich in meinem Kinderbett im Elternhaus übernachtete und nicht wusste, ob Mama die Nacht überleben wird. Als ich mit meinem Papa am Frühstückstisch saß und wir feststellten, dass meiner Mama vermutlich nichts mehr helfen kann.

Unterm Strich

Eine rote Zahl unter einer Rechnung entsteht, wenn die Ausgaben höher als die Einnahmen sind und Verluste entstanden sind.

Meine Bilanz:

Das erste Mal, als ich meine Mama waschen, anziehen oder auf die Toilette begleiten musste und das für sie und für mich ein ganz schlimmer Moment war. Die Momente, als ich den Schmerz und die Verzweiflung von Verwandten und Befreundeten über die schlimme Krankheit meiner Mama durch meine starke Empathie noch zusätzlich zu meinem Schmerz fühlte. Die Augenblicke, in denen ich hilflos in mir zusammengebrochen bin und ich meinen ganzen Körper, meine Atmung und meine Tränen minutenlang nicht mehr kontrollieren konnte. Die Momente, als meine Mama mich voller Angst während ihrer Hustenfälle anblickte und ich nur hilflos daneben stehen konnte. Der Zeitpunkt, als ich verzweifelt eine Apotheke nach der anderen anfuhr, um endlich einen Lieferanten für die dringenden und lebenswichtigen Krebsmedikamente zu finden, und meine Mama mich von Zuhause aus anrief, dass sie nicht genug Luft bekommt, weil das Sauerstoffgerät nicht funktioniert. Die Zeit, in welcher gleichzeitig meine Mama, mein Papa und meine Oma im Krankenhaus lagen, mein Bruder arbeiten musste, ich Prüfungen hatte, meinen Job aufgeben musste und ich wochenlang nur funktionierte. Die Momentaufnahme, wie hilflos ich war, als ich Anträge und Hilfsgeräte für meine Mama allein besorgen musste, ohne zu wissen, was das Richtige ist. Aussagen von Menschen, die mich zur Krankheit meiner Mama so sehr schockierten und wütend machten, dass sie bis heute in mir kochen. Anrufe meiner Mama, in denen ich sie nicht mehr wiedererkannte. Der Moment, in dem ich Zugang zur Metaebene hatte und plötzlich bemerkte, dass der Körper meiner Mama durch die Krankheit wortwörtlich durchlöchert, immens gealtert und irreparabel zerfallen ist. Der Zeitraum, in welchem wir erneut eine stundenlange Autofahrt auf uns nahmen, dieses Mal aber nicht, um meine Mama zu besuchen, sondern um ihren leblosen Körper das letzte Mal anzusehen. Die Sekunden, die zwischen dem Öffnen der Haustür meiner Oma und dem Offenbaren des Todes meiner Mama verstrichen sind. Der Zeitpunkt, als ich aufstand, um meine Rede auf der Trauerfeier zu halten. Und der Augenblick, als ich erfuhr, dass die letzte "Krebsfreundin" von Mama nun auch gestorben ist. (...)

Als ich meine Mama überredete, in den Rollstuhl zu sitzen, und wir gemeinsam eine Runde durchs Dorf fuhren und Bekannte besuchten. Die Momente, in denen wir über eine Banalität lachten und einfach nur glücklich waren. Die Augenblicke, in denen meine Mama sich über das gekochte Essen von Verwandten und Bekannten freute. Die kleinen Ausflüge, welche ich mit meiner Mama noch unternehmen konnte. Das Gefühl, als sich ausweglose Situationen verbesserten und die Hoffnung uns erfüllte. Die unbeschwerte Zeit, die mir zwei unendlich tolle Freundinnen im schlimmsten Sommer meines Lebens schenkten. Die liebevolle Unterstützung, die wir von Verwandten und Bekannten bekommen haben. Und der Moment, als ich spürte, dass ich zwei Familien, einen bedingungslos unterstützenden Partner und unzählige wahre Freundschaften habe. (...) Meine Zahl unterm Strich müsste blutrot sein. Doch niemals würde ich dies als Verlust bezeichnen.

Lasst uns ab jetzt darauf konzentrieren
Dich in Gedanken nicht zu verlieren.
Lasst uns Deine Geschichte weitertragen,
Und dabei laut Deinen Namen sagen.
Lasst uns die Trauer über den Verlust erleiden,
Ohne unser Leben dafür zu geben.
Lasst uns nicht vergessen bald wieder zu lachen,
Denn wir wissen
Ewig leben
uns wachen.

Ein Stück vom Ende

Und sie lebten glücklich bis an ihr...

Ende? Das kann dieses Buch nicht haben. 80.000 Gedanken pro Tag lassen sich nicht sortieren und thematisch gebündelt über einen Zeitraum von mehreren Monaten niederschreiben. Was ich dennoch versucht habe, ist die verbrachte Zeit in meinem Kopf mit ihren Erkenntnissen, Facetten und Gedanken bestmöglich darzustellen. Sicherlich sind mir beim Schreiben dieses Buches unzählige Wege, die ich in meinem Kopf beschritten habe, verloren gegangen. Aber es geht nicht um den unmöglichen Anspruch an Vollständigkeit. Mein Ziel war es, euch einen Einblick in einen von tausenden Köpfen zu geben und gleichzeitig mehr Klarheit in meinem eigenen Kopf zu schaffen, indem ich Erlebtes und Gedachtes zu Papier bringe. Jeden Tag könnte ich eine Geschichte mit neuer Handlung schreiben oder eine bereits erzählte Geschichte neu interpretieren. Ihr haltet daher eine Momentaufnahme in den Händen. Ein klitzekleines Dokument aus den vielen

Ordnern auf einer von vielen Festplatten in meinem Kopf.

Aber wenn die Geschichte noch nicht vorbei ist, wie geht sie dann weiter? Oh, da gäbe es ganz viele Möglichkeiten, denn es gibt noch so vieles, was seinen Platz auf dem Papier noch nicht gefunden hat. Unzählige Bilder, die noch nicht gemalt, aber schon eingerahmt in einem Raum in meinem Kopf hängen. Gedichte, deren Worte in meinem Kopf wie ein Puzzle darauf warten, zusammengefügt zu werden. Und endlose Fragen, mit denen ich mich in Zukunft noch auf meinem bequemen Sessel oder bei einem Spaziergang beschäftigen möchte.

Was würde ich Mama als Erstes sagen, wenn sie morgen vor mir stehen würde? Wie sehr hat sich unser Verhältnis durch die Krankheit verändert? Was würden Menschen tun, wenn sie schon ganz früh von ihrem Schicksal wüssten? Wie können wir empathischer sein und Menschen nicht allein aufgrund ihrer Handlungen beurteilen? Was würde passieren, wenn wir den Tod nicht tabuisieren würden? Welchen Zusammenhang zum Erlebten haben meine Träume, in denen ich meine Mama sehe? Kommt irgendwann der Moment, an dem ich nicht mehr das

Gefühl habe, in einem Märchen zu sein? Wie sehr kann man sich für andere aufopfern, ohne sich selbst zu verlieren? Warum können wir schwer zuhören, ohne Ratschläge zu geben? Wann werden sich die schlimmen Erfahrungen von den Schönen abkapseln? Wann wird der erste Tag sein, an dem ich nicht an meine Mama denke?

Auf diese Fragen kann es nur subjektive Antworten geben, nach denen ich noch einige Zeit in meinem Kopf suchen werde. Dabei haben die Antworten nicht den Anspruch, jemand anderem außer mir zu helfen. Dasselbe gilt für die gesamte Geschichte, die ihr gelesen habt. Vielleicht mag sie euch Realisationen, Gedanken oder zukünftige Zeit in eurem eigenen Kopf ermöglicht haben. Doch diente sie vorrangig dem Zweck, eine von tausenden Geschichten über eine Welt zu erzählen, welche in dieser Form für Außenstehende oftmals im Verborgenen bliebt.

Die Zeit ist um. Die Tür im Schloss. Das Band gelöst. Die Objekte scharf. Die Geräusche klar. Und der Kopf macht Pause.

ANNA MARIA SCHMID

Anna Maria Schmid, 26 Jahre alt, verkörpert eine
inspirierende Mischung aus Intellekt und Kreativität. Von
der Bankkauffrau, über ein Psychologie- und
Managementstudium hin zur Sozialwissenschaft, verfolgt
sie gespannt ihren eigenen Lebensweg. Ihre Neugier,
Empathie und kreative Ader bringt sie durch ihre
Malerei, Reden und Gedichte zum Ausdruck, bei denen
sie nicht nur über den Tellerrand hinausschaut, sondern
auch tief in die Menschen hinein.

Loved this book?
Why not write your own at story.one?

Let's go!